Jakob Leiner
Gewetter

Jakob Leiner

Gewetter

Gedichte

Quintus

*Eh du wieder Wald wirst und Wasser und wachsende Wildnis
in der Stunde der unfasslichen Angst,
da du dein unvollendetes Bildnis
von allen Dingen zurückverlangst.*

Rainer Maria Rilke

02.07.
Freiburg/Breisgau, Stadtwald
13 Uhr

wussten Sie
dass
gegen Erfrierungen
und Verbrennungen
ein Absud aus Blättern
der großblättrigen
Buche
hilft
bei Ungenießbarkeit
stetes Wässern
dann Eichelsalat
möglicher
Tod mit Fichte
bildet
helllichte Breschen
im gut konzipierten
Mischwald
dort
rennt die Douglasie
ein Kleiber hinunter
kopfüber
das ist der Vogel
welcher
aussieht wie ein Dachs in der Luft.

08.07.
Weltnaturerbe Aletschgebiet, Berner Alpen
14—17 Uhr

trage mich
mein Blut und Gefieder
rasch auf den hohen
       ]Berg[

von dessen Hängen der
Apfel rollt und
die Blaubeeren schlüpfen
zeige mir
des alten Waldes
       ]Gletscher[

wo die Winde tauten
und der Adler schläft
ihr anderen
geht mir nicht
nach bis zum grünen
       ]See[

in dem sich ein Gipfel
spiegelt denn in
dieser juckenden Stille
des Eintauchens
wage ich
keinerlei Neigung
wie sie die
       ]Marderhunde[

am Ufer übten
zu Stein verkleidet und
äußerst zahlreich
lockend die
Gewaltschwingung
welcher ich andächtig
                                       ]lausche[
oder sie mir.

23.07.
Parc national des Calanques, bei Cassis
12–16 Uhr

ich sehe was was du nicht siehst
raunst du in mein linkes überwärmtes
Ohr man hofft die Rede ist von Schatten
und reagiert kurz angebunden
als dein Finger die Möwe jagt
ähnlich weiß wie meine Haut zu deren
Schutz das Handtuch mit dem KROKODIL
im Ponchostil verwendet wird den Hut
vergaßen wir grundlos im geliehenen
C3 der seit Tages höllenheißester Stunde
auf einer steinigen Piste steht die
blasse Nase in nen größeren Busch
gereckt (ich hatte enttäuscht das Auto
versetzt die Sonne stand quasi im Zenit)
salut ça va wir sind nicht allein
und haben auch keine Mittel mehr
uns adäquat zu rehydrieren (zum Glück
kann die Niere Urin konzentrieren) schon
naht der Abstieg in den Fjord
besonders steil im letzten Quartal
hier stützen wir uns gegenseitig
:
du hast mir urgonischen Kalkstein geschenkt
ich habe die erstbeste Pinie umarmt
und auch befreiter aufgelacht in ihrem
Schutz hat man sich entkleidet denn

azurblau war das Wasser und nah
deine Olivenhaut
    der verwegene Sprung
        ein Kind mit Flügeln
            Aimée die Luxusjacht
                Speerspitzen aus Fels
                    eine unterirdische Höhle
                ein Sturmtaucher im Flug
            unser wissender Blick
        die warme Welle
    ein Großer Hund
Libellenrad
:
ich habe mir an einem Fisch den Fuß
gestoßen du hast gesagt Natur ist alles
und wird fortgetragen selbst Licht das alle
Helligkeiten trägt das war das
Zeichen für Aufbruch ich meinte einen
Baumschrei zu riechen so trocken
war wenige Höhenmeter weiter *le sol*
der die Atemwege reizt ein ewiger Staub
auf dem Rückweg lahmte einer von uns
bis der Schmerz in der […] verging.

(für Coline)

25.07.–30.07.
Süddeutschland

tief hoch tief
Omegalage
aber atypisch
Yvonne
der Sahara-Abkömmling
springt übers Mittelmeer
atlantisch der Kranz
Unbenannter
an der südwestlichen Vorstoßfront
Hitzerekorde (Luftmessung)
in Zentraleuropa

Paris
42,6°
Lingen/Ems
42,6°
Begijnendijk
41,8°
Gilze-Rijen
40,7°
Luxembourg
39°
Cambridge
38,7°

pulverisierte Höchstwerte
(es ward akribisch Buch geführt)
dann
stürmischer Abzug mit Temperatursturz
Menschen atmen auf ein
kräftiges Tief Island zustrebend
nimmt die Welle mit
und VINCENT drängt von rechts ab

norwegische Tropennacht
westwärts
Verschleppung der Luftmassen
nun
Temperaturanomalie
über Grönland.

01.08.
Donauquelle, Donaueschingen
19:30 Uhr

der ruhige Karstaufstoß neben einem Palast
im Quelltopf steigen unterirdische Bläschen
empor Versickertes von nahen Kulturgrenzen
bewacht und geleitet von einer Allegorie

ist der Ursprung einer ewigen Zweiten
schiffbar zwar doch zunehmend an Schlucklöchern
leidend dem Ärger mit der Wasserführung
auf sage und schreibe vielen Längenmetern

sind bis Normalnull Bruchteile dessen an Höhe
zu überwinden denn ein Fluss er fließt
gefällig so seltsam das auch klingen mag
flog über Schultern die Währung erfüllter Wünsche

der Bodenschatz jedes föderalen Systems.

(für Fel)

04.08.
Naturpark Südschwarzwald, Dreisamtal bei Stegen
12–15 Uhr

freundliche
Cirrocumulus honigwabenartig
(also lacunosus)
mehrere Kilometer tiefer
ein Bussard im Rüttelflug
zu Dunggeruch und Glockenschlag
der Weidekühe
wegständig
circa fünfundzwanzig Grad.

abgebogen
wieder unter Baumesgleichen
Kiefern Tannen Sud
Lichtdurchflut
ruinierte Mauern sowie
Dreierlei in Pfadnähe
Ersthelfer quasi
verlässliche sind es
krautiger
    Spitzwegerich
        Achillea
            Brombeere
sollte etwas bluten
drauf damit und 3x spucken
heile heile.

am Wallfahrtsort
Wolfshetze flugs ein Schild
umgedreht
ein anderes gelesen
dass Maria
Jungfrauen
auch gegen Giftschlangen
gut ist / sind
nicht nur die Luft
voller Terpenoide
auch nach wie vor
das Wetter.

halt mal
ein metamorphes Gestein
ins werdende Licht
das schmeichelt dem Glimmer
sonnenwarm der Hand
vertraut
denn
andere Gestalt
entbehrt hier
tonbewusst der Erde.

08.08.
Naturschutzgebiet Südlicher Bliesgau / Auf der Lohe
14 Uhr

am Hügelgrab links
den Friedhof hoch
Druck in den Ohren
in den Wolken
beim Blick zurück
den Schwarm der Störche
gesichtet kreisend
in sorgsamer Spirale
überm Tal
steigen sie alle
zusammen fallen sie
aus bleierner Luft

rum
wa

irgendetwas mit dem Wetter
muss es sein.

11.08.
Straßenrand, bei Saint-Avold
17 Uhr

die Besonderheit dieses Biotops
ist dass es einladend ist
dich schnell integriert als
hätte man nie auf der anderen
Seite gestanden bzw. wäre
gefahren zwischen den Rändern
wo nun die Füße tragen Stoppel-
bart und Asphalt im Wechsel je
nachdem ob man überfahren werden
möchte oder nicht natürlich heißt
links laufen in diesem Fall seltener
hinterrücks sterben denn wir haben
Rechtsverkehr und außerdem seit
drei Tagen schon Morgennässe dann
einen bewölkten Vormittag bis sich
ab zehn Uhr die Wolken verziehen und
es sonnig wird und recht warm
das Fleece also stört aber Wasser
ins Gewicht fällt vor allem sonntags
wenn alles stillhält jedenfalls
kommt zum Nachtisch ein kühlender
Wind auf der Regen bringt gegen
vier wird das Nieseln potent
um fünf schüttet es jetzt das
blaue Cape auspacken vielleicht
einen Riegel snacken weiter
gehinkt von Dorf zu Dorf
mein Freund der Fuchs dir hängen
ja die Gedärme raus das Maden-

treiben verfolge man interessiert
widme sich nach einer Fehlbestattung
der Müllzählung da gibt es so lustige
Knäuel aus Plastik und Draht in
manchen verreckst du oder
kommt das noch das Tagesziel hier
wachsen die liederlichen Blumen
und jedes Schlagloch wird markiert
auf Köterart oft zieht ein
Hupen das Heben des weniger
schmerzenden Arms und um diese
Uhrzeit wenn das nasse Zelt im
Nassen umfällt Schotter spritzt das
Zeigen eines Fingers nach sich.

14.08.
Metz, au bord de la Seille
11–13 Uhr

wenn die Sonne
aus Wolken bricht
sich anhäuft
wird der Fluss durchlässig
für Fische
ein massiger Döbel mit
der roten Bauchflosse
jagt die zarten Silberlinge
und tiefer der Blick.
kitzelt eine laue Brise
die endliche Verzweigung
der Uferäste
Weiden und Erlen
wie viele dürfen es wohl sein
rückwärts denken
bis zum Stamm.

eine Flugratte stürzt sich panisch
in den Efeu der Stadtmauer
la tour des esprits
zurück in die Luft
und lässt eine Feder tropfen
tut ihr das verschmitzt
eine junge Esche nach
zusammen
dem Flussausgang entgegen
schön Abstand halten.

kann es sein
dass Eisvögel hier hausen
jedenfalls von rechts ein blauer Blitz
als wäre er zu spät
prescht übers Wasser
mit den Libellen.
für halbgares Licht
stellen sich manchmal die Härchen
am Unterarm auf
passend zur friedvollen Botschaft.

später
durch eine Schießscharte am Teufelsturm
die Mündung
ins Visier genommen
dort tummelten sich Schwäne
3 weiße 3 graue
wohl aus einem nährenden Grund
nicht zufällig
trotzdem schön.
plötzlich die Sicht versperrt
von einer Horde Weberknechte.

an der Moselle
wärmer
Schattenschieflage versiegelte Stadt
dieser Tempel Nr. 9

wo sind die acht anderen
falsch übersetzt
eine feste Burg ist unser Gott
und der Fischer
seinerseits
fängt auch nichts
im Grünalgenhotspot.

19.08.
Donauufer, Bratislava
0 Uhr

hallo again

der Krönungsweg ist beschritten geht jetzt bald
die Sonne auf oder muss der Fluss noch trinken
wie ich gegenüber der rostbraunen Galerie
nur diesmal gehst du mit verbrannter Krawatte
hinein und es trägt mich zielstrebiger als manch
andre Verfassung und auch gründlich weiter
bis Auftrieb einsetzt und wir schwimmen möchten
mehr lebendig als tot meerschwarz als blau.

28.08.
La Drôme, bei Peyrins
9–11 Uhr

natürlich Tomatenüberfluss
Fleisch
    Albino
        Ochsenherz
           Birne
                Green Zebra
                    Indigo Blue Beauty
Ringelblumen dazwischen Zyanen
auf den gestrohten Hügeln
pumpen sich die Auberginen auf
Schwanzvergleich
oh Blaukönigin kommst
aus Antigua
ist ja gut Little Spooky
bloß nicht ins Labyrinth der Melonen
fallen
ab wenn Ranke und Stängel braun werden
bei anderen Sorten hilft
am Arsch zu riechen
wie der Dungkäfer den angefaulten Kürbis
C. maxima ansieht
der thront zum Boretsch hin
kennt ihr diesen
Flaum auf der Zunge
der Pfirsiche die sich nicht schälen lassen.

fast übersehen
Bete Kohlrabi
die ihr da zwischen den weißen Ufos
lungert
mehr als ein Zucchino
wo Lavendel und Immortelle nach Bienen suchen
Gewächse der brütenden Sonne
auf sandigem Terrain
munkelt man gedeihen die Schwarztrüffel
in Hexenkreisen
um Eichensträucher beimpfte Wurzeln
Ektomykorrhiza
könnte doch sein.

im Schatten der Walnussbäume
aufgrund der Erkältungsgefahr nicht einschlafen.

du lieber alter Labrador
ruft es
deine Hilfe ist von allen
gern gesehen
beim mühsamen Bewässern
der Permakultur.

03.09.
Valgaudemar, Parc national des Écrins
22–23 Uhr

gespachtelte Rückenberge
Referenzschwarz
scheinen sie näher
viel näher
so
die Hanglosen
zweidimensional zutraulich
mit Altweltgeiern
bekannt
ist dieser Himmel nicht klar
(reale Nacht / kein Lichtsmog)
unendlich klar

und hinter uns
da läuft als Wolf den Fluss entlang
da schreit Zikadenchor ein Uhu im Gebüsch
manche räuspern sich
und einer pfeift

da ist niemand
Wasser aber könnte schwellen
rasch
weggeschaut
direkt
in die Galaxis

Sternsystem
      Rückgrat
          Rasen
                Gebärmutter
                    Frisbee
                        Scheibenwelt
                            Gegensatz
                                  Milchstraße
                          Wolke
                      Gewinde
                Riss
            Lochzentrum
        Balkenspirale
Brane

lokale Gruppe
wir auf Knien
haben Meteore entdeckt
späte Perseiden heißt
es
der Trick
weniger suchen alles sehen
Blickfelderweiterung durch Schielen
(Kopfrauschen / Hintergrundstrahlung)
bis die totale Projektion

enttäuscht
auf seiner Umlaufbahn
ein penetranter Wettersatellit
schau
die Allmachtsfantasie

Talschluss
der Erinnerungen
das Gras ist feucht geworden
schon oder noch deutlich
frischer Angst
kommt auf.

05.09.
Valgaudemar, Col des Vachers
13:30–15:30 Uhr

da lief man
halb vorbereitet halb
eingepackt
dem schmalen Pass schwebte auch
ein Wolkenhaufen
entgegen
von oben wohlgemerkt
und senkte sich in die Landschaft
aussichtslos

retour
bis der Hütehund
als Tier der Herde sozialisiert
nur größer bellend und mit Zähnen
aus dem Hain sprang
1 panisches Schaf genügte
dass
umgekehrt wurde
zielstrebiger als beim ersten Mal
le col angesteuert
demokratisch der Nase nach
verworfen
und das Umlaufen des Problems
sowieso interessante Gruppendynamik
wesensabgestimmt

mittlerweile
Wolle auf vier Beinen
pa(r)tou(t)

im Nebel vermutet beziehungsweise
der sie begleitende Angstgrund
unscheu und arbeitsam
dem man nicht in die Augen schauen sollte
weißer Schemen
ach du bist das

die Sicht auf unter 10 m gesunken
Wasser rationiert
jetzt
3/4 Mehrheit
für die beste schlechteste
eben Notlösung
also
auf zum Gipfel schnurstracks
in die Wolke
und hinten wieder runter raus
immer schön
den gelben Strichen nach

bei dir
nö
war nur Vogelkacke.

15.09.
Im Zelt, Biosphärenreservat Pfälzerwald-Nordvogesen
4–7 Uhr

merke
im Dunkeln fällt immer irgendwas
auf die Erde die dreimal zu küssende
nieder
die Rotte derweil schwer beschäftigt
mit einem Überschuss an Eckern unweit
entfernt
ist das die Geburtsstunde der Pareidolie
rauschende Schwarzkronen vor ALLEM
übrigens
um durch das Fenster zu sehen
in dem sich bewegt wird vertraue man
einmal
mehr Karte und Stift wie der Wanderer
der an echter Schönheit unbeteiligt vorbei-
gehende
weil sie schön ist sind 2 Schubidus
verrückt in die verliebte Welt
höre
den Schlussakkord des gestrigen Zirkels
als Häherschrei im Morgenwald dem
reifen.

23.09.
Landau / Pfalz
17 Uhr

hier und jetzt
ein kleines Die-in
also zum Kaffee
in der Küche
zusammensacken und die Oma vorlesen lassen

Po'ouli
    Hawaii
        Verdrängung durch invasive Fremdarten
Achatinella apexfulva
    Hawaii
        Schmuckherstellung invasive Arten
            (war übrigens eine
            lebendgebärende
        Baumschnecke)
Spix-Ara
    Brasilien
        Lebensraumverlust und illegaler Handel
            (jaja in Gefangenschaft
                nachgezüchtet)
Dunkelkopf-Blattspäher
    Brasilien
        Abholzung
Alagoas-Blattspäher
    Brasilien
        Abholzung

Östlicher Puma
    Nordamerika
        systematische Jagd
            (schon 80 Jahre weg
        zählt das nicht?)
Stummelfußfrösche
    tropisches Lateinamerika
        eingeschleppter Pilz
            (nicht alle manche)
Vaquita ein Schweinswal
    Golf von Kalifornien
        Beifang
            (fast am Sack ebenso wie)
Nördliches Breitmaulnashorn
    afrikanische Savanne
        Horn-Wilderei
            (das weiß man
                nach Sudans Tod Laborgeschichten
            reinblütige Embryos + Leihmütter
        mann man mannn
        weiter im Text)
Tapanuli-Orang-Utan
    Sumatra
        Jagd Bauarbeiten Abholzung
            (fun fact erst kürzlich entdeckt
                schon fast wieder weg)

Jangtse-Riesenweichschildkröte
　　Südchina
　　　　Flussregulierung
　　　　　　(das letzte bekannte Weibchen starb
　　　　　nach künstlicher Besamung
　　　schade Schokolade)
fettes Brot
　　ist nicht für jeden

noch bisschen liegen bleiben liegen bleiben
das war der Ertrag
in einem guten Jahr
Insekten
　　Wirbellose
　　　　Pflanzen
gar nicht mal erwähnt
(das kommt vielleicht an an an
anderer Stelle)
kursieren Dimensionen des Aussterbens
von 3 bis 150 Arten pro Tag
das illustriert die Unwägbarkeit einer Schätzung
Stichwort *Arten-Areal-Kurve*
wenn 90 Prozent des Lebensraums zerstört werden
gehen 50 Prozent der Arten verloren
da hinkt die Empirie noch hinterher

logisch
dass der Mensch
sich weiter wie der Einschlag
eines Himmelskörpers aufführt
der lange Atem nicht seine Stärke
weil er Zeit nicht fassen kann
in der Art eines Planeten
Los der Eintagsfliege
blinzeln zack und weg
hinter den
Zäunen
    Vorgärten
        Carports
            Fensterfronten
            läuft
das 6. Massensterben der Erdgeschichte
(nicht meiner)

schön liegen bleiben
den Schneeengel machen
vor Fliesenkühle.

02.10.
Im Zug, bei Calais
8:45 Uhr

der seltsame Nebel
über der Stadt
verzieht sich in dunklen Feldern

ich gleite schneller
als mancher Rabe
an weißgrauen Streifen vorbei

dahinter die letzten
Quadrate im Saft
der eisernen Straßenwälder

dem Morgen entflohen
wie der Entstellte
der endlich heimkehren kann.

09.10.
Kaiserslautern, Innenstadt
8 Uhr

auf den Fischen der Stadt
reitend
kam Licht angekrochen
der erste Strahl
man spürt ihn mehr als dass man ihn sieht
hat sich der Hoffnungsschimmer
schnell und zivilisiert
dem Filzgrau
seiner Umwelt angepasst

feiner Regen
seitdem ein gelbes
Großraumtaxi vorbeigerauscht
ist
weckte den Geruch von Leder
Jackenkragen hochgestellt
und Asphalt.

am Morgen schon
die summende Vermutung
Herbstäquinoktium
echt geschafft
(die Tage werden kürzer
länger
länger reift die Nacht)

etwas stellt sich um
stimmt nicht
wird
umgestellt
auf Svalbard übrigens
innerhalb eines Monats aufgefressen
bis zur Dunkelzeit
flüchtigste Normalität.

dort die retardierende Dämmerung
Blüte dem Verschlucktwerden
nichts als
Ungeduld
hier

für eine derartige Trägheit
der Rhythmen
bleibt der Spätgeborene
seltsam unempfänglich
denkt in Wochen
Gemäßigte
zusammenfassend
fernes Equilux fiebernd
gibt es
ist aber nur ungefähr das was ihr meint.

14.10.
Naturschutzgebiet Kleine Kalmit, bei Ilbesheim
18–19 Uhr

Erntezeichen
in der deutschen Toskana
die Spätreifen hängen noch
Locken rostgoldenes Laub
bedrängt
den Feldweg die Note
aus Angegorenem und Diesel
Fährte mancher Vollernter

im Gewürztraminer schon gewildert
walzenförmige Trauben der
Burgundersorten und Silvaner teilweise
stehengelassen oder zukünftiger
Eiswein
     Trester
          Edelfäule
erhöht das knackgrüne Gewicht
ausgegeizter Jungreben dahingegen
mildes Röteln
der abfallenden Dornfelder
[vino rubello]

endlich
oh seeliger Pfälzer lockt der Riesling
karamellisiert am Stock
musst ihn saurer machen als er
ist sein kann
der Schorle zuliebe
entsüßen beziehungsweise gleich

ersetzen durch
Syrah
    Merlot
        die Südländer
eben Klimawandel regional
fragen Sie mal
[Kulturgutverlust]

westwärts
das letzte Mal ein Sömmerchen
aufgescheucht
Wingertzeilen wie gerecht
am Hang dreißig Grad Abzweigung
dahinter das Lot gefällt auf
Portugiesergebiet
mit diesem Blick gewachsen
ist Zwanghaftigkeit keine Schande
wäre der Mittelgebirgszug nicht
wo Schleier fallen
nach links Burg Berg Burg Berg

i saw
a grand prismatic spring at the end of my sky

Safranstimmung
bei Einzellage Calvus mons dem Bodenwunder
Landschneckenkalk
    Mergel und Löss
        Gehängelehm

als mehrfache Fazieswechsel
und nicht nur das
im Strauchwerk
vorfrösterne Hagebutten und Silberdisteln
    Küchenschelle Lilablume
        (zum Frühjahr)
            eine Kapelle zum Troste der Armen
        chlorophyllarme Linden
    Dorfgeräusche
erreichen den Fündigen
der mit nervösem Fuß
Turmschnecke ausgescharrt
[Brackwasserfossil]

naja
weiterbewegt rückgewandt treu verfolgt
von einer Mederflaus
zu guter Letzt
die Traube des Tages gepflückt
prallschwarz mit Patina
am Stieleingang saugen
    Fruchtfleisch inhalieren
        Schale verwerfen
wie man es gelernt hat
hierzulande
denn gespritzt wird systematisch
Mehltau und so.

(für P. L.)

23.10.

Colmar, Altstadt
11–12 Uhr

metallisches Licht
das man mit grau beschreiben
würde
aber eigentlich unbunt meint
heller als Schwarz
dunkler als Weiß
subtraktive Mischung
C = M = Y
und manchmal Strahlenbüschel
im Abkühlungsnebel das ist doch
[…]
plus Tyndall-Effekt.

sanfte
Böen oder der eigene Laufwind
beim Pflastersteingang
um die angenagte Ecke
Sankt Martins
Krone
gebettet auf Aerosol
Produkt der übersättigten Luft
kein Himmel darüber
Helligkeit
[…]
auffliegend.

31.10.
Naturpark Südschwarzwald, Ravennaschlucht
14–18 Uhr

natürlich muss man jetzt
GOETHE
zuvörderst erwähnen der einst
das Höllental durchquerte
(hier trogförmig)
und den Sternenwirt beehrte
damals noch kein prätentiöser
alter Sack

so war das nicht gemeint
weißt ja
mehr über Pilze als über mich
eine geht voran die Suche darf folgen
deswegen los vorbei
am einstigen Galgen
in die Klause steigen
da rostet der Bach springt
an Wänden hoch und an
den Hals wenn
der heilige Oswald es will
fällt er 2x
ausatmend
auf sich zurück
ein toter Fisch
schafft den Salto nicht

schon besser
die Laubratatouille
weicht Kiefernstreu also

ertönt der mykologische Imperativ
erkranke am Fieber
komme bewusst vom Weg ab
Cèpe
      Boletus
           Steinpilz
                hahawowo

Mooskissen glimmen auf
Indikatoren achten
wie diese Baumleiche die hat
am Schwamm unzählige Guttationstropfen
dort bläuende Röhren
der zarten Marone kein Finger passt
zwischen Nase und Boden
riecht ihr die Fährte auch
schrei doch nicht so
dann
steht mit der Tarnkappe im Hang ein
OKOLYT
und Kinder hat er auch

die eine schneidet
der andere dreht
Wurzeln und Rhizom
durchwucherndes Pilzgeflecht
die viszerale Aufhängung des Waldes
sein Geist
wir wollen nur deine Fruchtkörper

warnt
in einer Mulde
leuchtendes Gelb
zuckt ordnungsgemäß
die Hand zurück
was bist du denn
bist ein
Schleimpilz
    Hexenbutter
        Lohblüte
            Blob
oder

an Feenringen vorbei
zur Aussicht querfelsein
stapfend
und nur noch Augen für Kühe
und Grund
sein sind
die Leihgaben der Abszission
an einem Findling
tobt der
Hexenröhrling mit dem Fliegenpilz
einen von beiden nehme ich mit das
war gut so
denn es tropft mir in den Nacken

schleierhaft
bleibt der allgemeine Wuchs und

bis auf uns
es menschenleer
nicht nur bei der Rast
[inversio]
das Wetter macht die Atmosphäre
mit Blick auf die Wand wenig wahrscheinlich
dass sich das noch ändern
wird es
aber dunkel
dann wohl bald
Verständige sollten sich beeilen

deal
die Ausbeute gut fixierend
rennen wir zwinkern wir
über Begnadigtes hinweg
Farben Konturen Puste
verlieren
zum Rascheln der Füße
mitunter unkontrollierte Freuden-
schreie oder Fluch
im Rücken
Verzeihung
quasi purzelbaumschlagend
wie Haldensteine
der Sohle entgegen.

14.11.
Forêt de Fontainebleau, Massif des Trois Pignons
12–15 Uhr

Eintritt in den Ocker (Vorsicht Fallneigung!)
    übrigens ein Farbpigment mit deutlichem Limonit
        Anteil der brütenden Sonne (im milden November)
           hoch es hetzt das zyklische Empfinden
        gleisnerisches und freut sich trotzdem wenn wir mit
Bäumen um die Wette dampfen dann ist
    alles gut das Urmeer hinterließ uns
        ein Becken aus
    Sand noch eine farnüberwucherte Lichtung
schließlich Elefanten Hundehintern
    massige Stufen für ein fantastisches Spiel für
Fauna und Funga den begeißelten Einzeller
Griffe in der Substanz (no chalk!) und zu wenig Zeit.

21.II.
Basel, Kleinbasel, Rheinufer
16–17 Uhr

der große Fluss beschäftigt
mit Transport
vor der Brücke ist er
ein anderer
als dahinter denn
nächstens kommt das Knie
das geografische
Kurve unter neuem
Namen wenige schwimmen
gegen den Strom.

Mundwolken am Ufer
merkt man auch
für den Winter
ist man gemacht
aus der eisigen Luft steigt
Röte ins Gesicht und weiter
über die Dächer
hängt vor einem halben Mond
ein Band aus entsprechenden
Wellenlängen.

so klar so kalt
blaue Stunde
Bugwelle eines Schleppkahns
voraussichtlich das letzte Schiff
und trotz
der allzeit rauchenden
Schlote eines Pharma-Clusters

in der Ferne
gibt es
eine momentane Schönheit die
bemühte Worte Fassungen
uneingeschränkt
verlächerlicht (und übertrifft)
deswegen
höre ich jetzt

27.11.
Via dei Laghi, bei Rocca di Papa, Lago Albano
13 Uhr

auf
dieser Straße stimmt
tatsächlich etwas nicht
da rollst du im Leerlauf
den Berg hoch
und gibst abfahrend Gas
Vögel wechseln im Flug
blitzschnell die Richtung
und Bäume wachsen in
bizarren Winkeln
man spricht (eindringlich)
von Kraftfeldern
     magnetischen Erzen
          oder Wasseradern
unterscheidet die
Dekli- von der Inklination
(und damit ist nicht
die Beugung der Wirbelsäule
zum Bauch hin gemeint)
freut und bestürzt
sich jedenfalls diebisch
über pulsierende Gravitation
veränderte Körpergrößen
am Vortex
bis ein Spielverderber
den fehlenden Horizont
bemerkt und sein Hirn
wieder einfängt es sei
nicht klar

was hier steige was falle
es sei eine (fabelhafte)
optische Täuschung.

01.12.
Parc naturel régional du Vercors, bei Grenoble
12 Uhr

ersten Schnees
schlägt
auch mein Ego aus

höchster Höhe
auf die
arme Erde

legte Schockfrost
an
einem Mittag

käme
unbedrängter Strahl
zu Heiligkeits

kühnster Kälte
ist durchdrungen
fürchterliche

schöne Welt
bedeute
mir die Gültigkeit.

07.12.
Zugspitzmassiv, Ostalpen
12—14 Uhr

schneeferner im ewigen Eis
kann das nicht sein
auch ein Wettersteingebirge
schwitzt unten weiße Pisten
grüne Wiesen Kanonenschüsse
jubilieren.

früher aß ich häufig Flocken
zu Erfrischung und Fun
nun habe ich Angst am
Mikroplastik zu verrecken
in 30 Jahren wohlgemerkt
wenn sich die Kanzerogenität
bestätigt haben wird
deshalb
kommt kein Kristall mehr
auf den Tisch da ich ihm
nicht ansehen kann ob er nicht
etwas schmuggelt das
über dem Meer kondensierte
atmosphärisch reiste aber einmal
das o in Coca (oder Cola)
formte.

über allem dieses
investigative Licht einer
winterlichen Sonne mich nebenbei
im Schlepplift aufhängend
kommt dieser riesige Krater

in der sibirischen Taiga in den Sinn
der
auf GoogleEarth aussieht
wie eine Kaulquappe bzw. ein Spermium
(ist das eigentlich das Gleiche)
und immer größer wird
je mehr Methan dem Permafrost
der leider alles aber nicht mehr perma ist
entweicht.

eine Raupe der ungemütlichen Art
wälzt sich bergauf
bellender Dieselmotor löst
das Frühwarnsystem eines Murmeltieres
aus.

es ist die pure Scham.

13.12.
Nationalpark Sächsische Schweiz, Carolafelsen
16:30 Uhr

die ausgedehnten starren Wälder
unter einer Sichel im letzten Haus
sehen aus als gebären sie Wolken
(was mindestens der Wahrheit entspricht)
als rauchte jemand zu viel und zwischen den Bergen
oder Steinen das ist geologischer
Natur die erosiven Prozesse
schufen Riffe
                Nadeln
          Klüfte
Schrammen
in einem schwächer werdenden Äther
aus letztem Schein und herber Sicht.

tauchst du mir wenn sich unsere Augen
an den Geruch des eingelegten Laubes
gewöhnt haben zu den Gründen der Elbe dort
unten während ich das Muttertier zähme
danach haben wir nichts mehr zu befürchten
mit diesem Wissen diesem Alter dieser
Lust ich habe gehört Basalt
entstehe aus invertiertem Mondlicht
und für den Wiederaufbau einer großen Kirche
habe man Sand wie diesen benutzt.

22.12.
Weltkulturerbe Grotte de Lascaux, bei Montignac
14–18 Uhr

major warming
spielt sich eine Etage
höher ab wo es normalerweise
lausig kalt (und ziemlich
langweilig) ist erhitzt sich also
diese Stratosphäre
plötzlich hat das Konsequenzen:

der den Polarwirbel bringt das
durch- / Durcheinander er
dreht sich übrigens gegen den
Uhrzeigersinn und schaufelt die Luft
normalerweise als
stoisch arktischer Kreisel von
West nach Ost (ergo Westwind)
eine Zirkulation
die nun zusammenbricht:

östliche Winde in der Höhe
sprechen für grimmige Kälte
am Boden in den mittleren Breiten
trudelt der Jetstream der
wetterwindische - - - - - - - - - - - - -

so manches geschieht heutzutage
ja als erfüllte Vorhersage
einen Artikel zu Ende lesen
den globalen Burnout leugnen
aus Zeitungspapier können derweil

Schiffchen gebaut werden oder auch
ein temporärer Hut
der sich auf einem virtuellen
Rundgang bestens tragen
lässt sich der Talmensch also auf
die Kunst seiner Vorfahren ein:

zwischen augenlosen Pferden
der massige Kopf eines Ur
er stiert die Widersacher an
die Körperhaften in
der Ferne spielen zarte Hirsche
aus Ängsten vor dem fleisch-
fressenden Einhorn hat man es gleich
als Erstes gemalt rechts
versteckt sich ein kleiner schwarzer Bär
im Bauch eines Auerochsen:

weitergewandelt zu streicher Musik
in den Wurmfortsatz
mit umgekehrten und chinesischen
Hippos ein rotverzweigter
Strich als Merkmal eines Baums
dahinter mindestens
XIII andere Wesen und
sechs ominöse Punkte:

schnell in den Gang mit der Mondmilch geflüchtet
einer traubigen Form der Ablage-

rung von Calciumcarbonaten
nicht das Schlafgetränk
hier halten sich Raubtiere versteckt
vielleicht der ein oder andere
Olm in den etwas tieferen Pfützen
schwimmende Geweihe
reicht für den Schacht ein Mensch und ein Vogel
der alte Psychopomp
aus postmortaler Erektion
und eviszeriertem Bison
wie ein jungpaläolithisches Stoppschild
es gäbe weiterhin raunt es
nur noch den eingesandeten Saal
und diese haltlose Ehrfurcht:

wir haben nichts dazugelernt
sprechen Wände Bände
und doch so viel dazugelernt
beharrt ein seltsames Echo - - - - - - - - - - - - -

[*sapiens* war er übrigens der
Cro-Magnon-Mensch einer
Art der Gattung *homo* einer
Tribus *hominini*
aus der Familie der Menschenaffen
genannt *hominidae*
die den *hominoidea*
den menschenartigen
Primaten zugerechnet werden

einer Ordnung aus
der Unterklasse höherer Säuge-
tiere die eine Plazenta
besitzen aus der Klasse der Säuge-
tiere (*mammalia*)
die zu den Wirbeltieren gehören
jenen Gewebetieren
aus dem Reich der vielzelligen Tiere
das sind Eukaryoten
also durchaus Lebewesen]

27.12.
Neuwied-Engers, Rheinufer
23 Uhr

treibt ein Holz
im vollen Mond
und so
staunt Wehmut

zwischen Ried und
Röhricht über-
wintert
ihr krötiger Ruf.

05.01.
Dortmund, Rombergpark
12–14 Uhr

kalt bewölkt so um die 7 Grad
das heißt deutlich über null
die Natur hält sich bedeckt
man möchte mitmachen abwerfen
einschlafen wenn man nicht
laufen wollte also der Blick
GEN BODEN na was haben wir
denn da Schneeglöckchen in
den Startlöchern grünweiße
Periskope zwischen Elfenblumen
am Wegrand immerhin und
Schneebällen auf Strauchniveau
manche mit Frostrost pflücken
den Mann mit dem Mantel von
hinten abwerfen bis der
Pseudoginster der stolze Asiate
ablenkt das muss diese
kälteinduzierte Blüte sein
von der alle sprechen gelbe
Augenweiden lassen wir das
lieber die Nieswurz (Gesundheit!)
beobachten wie sie vom Brandkraut
nur zaghaft unterstützt die Groß-
offensive gegen den Gemeinen
Efeu startet dieser schießt
mit grünen Beeren um sich und

gewinnt -
    [ACHTUNG! bumblebee im Sturzflug
       wohl zu hoch hinausgewollt
          zu nah an der Sonne bloß
             anti-ikarisch in Kaltluft
                erstarrt ich setze dich
            zurück auf den Boden kraule
          dir den Rücken und noch ein
        Kätzchen eines Haselbaums als
     Proviant um die Schultern]
gelegt -
was danach kommt ist ja
offensichtlich an Zierquitten
Weißdorn Holunder und Magnolie
blinzelnde Äuglein von Schuppen
und Fell geschützt bald
Wolkenmacher im Pflanzenreich
wo die kühlen Linden stehen
und in weiser Voraussicht
langsam schon den osmotischen
Druck erhöhen also doch wieder
NACH OBEN geschaut am Ende
der Allee wächst eine Purpurbuche
dort werde ich umkehren nicht
ohne auf Sämlinge und Austrieb
heimlich gewartet zu haben.

12.01.
München, Englischer Garten
14 Uhr

der Weltbürger flaniert
den Eisbach
entlang hast du die
relativ kahlen Trauerweiden
abgenickt
ein Hauch von Frühling
auf 375 ha das
ist kein Hauch mehr
dahinten
nimmt schon der Krokus Anlauf
und Knospung ist hier reiner
Zeitvertreib
wenn schon
der Winter ausbleibt
keine Lust hat
immer weggelächelt zu werden
weil hier
andere Maßstäbe gölten.

eine Polka
verzerrt die Ferne
unter mineralischem Blau
garniert von Wolkenwürmern
seltsamen
Fächern die Krümmung
suggerieren als würde
der Himmel das
Wasweißich sich wölben zu
einer Kuppel

vom Hasenbergl bis Hellabrunn
darunter
ist das Leben noch in Ordnung
scheint die Sonne aus den
Ärschen weil sie
in der Blase
steckenblieb wie der Rest
aber im Jenseits
hobns ausgschissn.

23.01.
Nationalpark Harz
11–13 Uhr

im Dunst die
Bergrücken
    Waldbuckel
        Schichtungen eines
            tiefgekühlten Dunkelgrüns
        Froststarre seiner Auswüchse
    Mosaikstücke
Kamm 1   Kamm 2   Kamm 3   Kamm 4

können?
Wipfel in der Konservierung
unschwer zu einem zerbrechlichen Anblick werden
ist es?
flüssiges Helium oder was da
kriecht
    ausfüllt
        dampft
            bindet
                drückt
bis in den Unterhimmel der eine Wolke ist
nicht auszudenken
ein brennender Stern
aber nur für Unsterbliche
    Methusalems
        Funkende
in ihren Luftschlössern

wir
sind das *Stratum basale*
    Eulenwetter
        Lauerjäger unter einer Decke
  aus spukhafter Anmut
bleibt Weiß und Ziegelrot der schräge Blick sieh
Flügelschlag
    ein Sprung
        im Glas im Tann

es nieselt
irgendwo da draußen öffnen 2 Doppelgänger
die schwarze Hütte.

10.02.
Heidelberg
4 Uhr

nachts klopft es an der Tür
niemand macht auf
das muss wohl Sabine sein
sie kommt später als erwartet
ihre Vorboten hatten uns noch
am frühen Abend den
Infekt
beschert dessen Fieber
im Sturm enthalten ist
dann brachen wir
die Wanderung ab und auf
um nicht aus Versehen
ins Auge des Orkans zu geraten
welches
nun durchs Schlüsselloch linst
und träge blinzelt

tiktok

macht es
mit Atempausen dazwischen
dann wieder
ein Wüten in Natur und Körper.

12.02.
Im Traum (?)
1–5 Uhr

als eine mit Schlangenhaut
drapierte Prachtschnauze
das letzte bisschen Licht
zwischen den Wurzelknochen
hervorgezerrt hatte und
glücklich davonflog wurde
ich gewahr dass der Wald mich
nicht braucht obwohl ich ihn
gern zum Verbündeten
gehabt hätte ganz klar
Geister sind nahe wir weinen
aber ich kämpfe bereite
mir am erstorbenen Feuer
ein warmes Mahl zu um später
einen bekannten Gott auch
erlegen zu können schmücke
mein Haupt mit Myrrhe Moos
und Eidechsenschwänzen sicher
in meiner Unsicherheit die
Rücken wund getanzt und
endlich Zeichen im Wasser
nach dem Urschrei kommt
die Kälte was mir zu viel wird
ist das Zuwenig summe ich
mantrahaft und kauernden

Frosch in die Tasche gestopft
bei der Hütte wurde es
Tag.

(für Wladi)

23.02.
Carlsberg / Pfalz
18:30 Uhr

dunkler Wolkenmist
wird von lauen Böen
ins Tal gekehrt

Gegenlicht und
flüsternde Buschköpfe
als Waldeingang

ein Stöhnen geht ums
Quadrat wiederholt der
Bewegungsmelder an

flutet den Hausrücken
was huscht dort ist
gehuscht glühenden Mooses

steht die Wand
über uns jagen die Wellen
regenlos zieht dem Blick

die Gedanken aus hin
zu einer Entropie der Gewalt
in ihrer Stammschwärze.

27.02.
Köln, Innenstadt
17:30 Uhr

scheiße
jetzt hat es uns überrascht
das garstige Wetter
weil wir nicht optimal
vorbereitet waren
weder kleidertechnisch noch
psychologisch
sonst hätte es uns ja
gar nicht überraschen können
das garstige Wetter mit
70% Regenwahrscheinlichkeit
dass ich nicht lache
fühlt sich doch sehr wie
100 an ich weiß so funktioniert
das nicht aber
diese Nadelstiche im Gesicht die
machen mich ganz wuschig dazu
ein Wind der seinesgleichen
sucht fühlst du auch
die zerrende Kälte überspringt
Schichten trifft
direkt ins Mark und alle Knochen
frieren
war gestern man
wird erschüttert also von
der Kälte folgst du mir
komm stellen wir uns
dort
in den Hauseingang und

schauen zu wie Welt
untergeht das wäre die
ramontische Variante
die hier aber fehl am Platz
ist lass uns lieber
alle gelben Autos
zählen
die wir sehen
und für jedes einen Kuss.

09.03.
Berlin, Spreeufer
15 Uhr

die hängenden Gärten
des Bundeskanzleramts
im Dunst
eines indirekten Lichts
da weißeln die
Fronten aus Glas
grau wird doppelt grau
und groß bleibt groß
einzig die zartgrüne
Macht der Trauerweide
erleichtert das Auge
keusche Girlanden
nah
gebaut am Wasser
wie der Uferbruder
menschlicher.

was der Steg in einem
Winkel von circa 45°
kreuzt
schlägt aufgeregte Muster
Präexzitationssyndrom noch
leuchtet hier der alte
Stern dann macht der Fluss
die Biege
zwischen Holz und
Wolkenbank diese
schöne Aussicht ist getrübt
riskiert nun

eine Dohle eine
kesse Lippe ja
ick mag dir auch
und endlich ein von
Kopf bis Fuß gespanntes Band
lösend
beglückt die Hauptstadt sich und uns

mit Nieselregen
was denn sonst.

11.03.
Leipzig, Palmengarten
18:30 Uhr

im Westen
dort wo die Sonne untergeht
ein einziges Blaugraurosa
darin das Spotlight
der Venus.

im See stellt ein Erpel
seinen Motor an
der kleine Runabout
schafft
tatsächlich einen Wasserstart
vor Begeisterung
schnatternd.

der Schatten eines prä-
historischen Insekts
entpuppt sich
als der eines Reihers
war es
ein guter Tag kehrt er
mit einem Froschschenkel zwischen den Schnabelkanten
heim.

die Minuten des
ausatmenden Lichts
nicht mehr als zehn
in denen
ein Morgen sich formt
das kommen wird

untermalen Parkvögel
musikalisch rege erst plötzlich still
allesamt.

die dunkle Anatomie
der Bäume
kahlende Fächer da
spielen Spinnenfinger
in den Herzen
mancher Nachtigallen.

besonders
würdig gefunden zu werden
die alte Buche
die sich fast auf den Weg
gelegt hätte
um zu ruhen
hätte man sie nicht gewarnt
die Drillingserle einen Pavillon
zur Naherholung flankierend
sowie

ein namenloses Pärchen am Ufer
aufrechts
hochgewachsen
lauscht er oder sie ernst dem Käuzchen
das heute Dienst hat
als die stämmige Begleitung
zärtlich aber

in respektvoller Höhe
ihren krummen Arm
um eine Schultergabel
legt.

15.03.
Mainz, Ritterstraße
12 Uhr

zur rechten Zeit
lösen
sich Sorgen
in Kirschblüten
auf.

17.03.
Europa
18 Uhr (MEZ)

es beginnt
in der Lagune schlüpfen Fische aus kristallklarem
Kanalwasser das eben noch in den Kellern stand
Schwäne kehren zurück weißes Porzellan
am Hafen sind Schweinswale zu Besuch
was sie sich nie zuvor trauten
denn schüchtern sind sie
und die Schiffsmotoren laut
der Smog legt sich
siehe
die Luft wäscht sich rein
auf der verwaisten Autobahn
steht das Reh am Mittelstreifen es äst
und ist sich keiner Schuldigkeit bewusst
der Wald im Rücken bleibt prächtig
wachsen muss er heute nicht und die Sonne scheint
Zeit hinzusehen hat man
in den Skigebieten vereisen friedlich die Pisten
die Flotten stehen still
Schwingen gefaltet dem Himmel zum Gruß.

gedeihe gedieh gediehe
Einsicht
      Güte
           Innigkeit
                  Hoffnung
           Vertrauen
     Respekt
der Mensch hat gewählt

nein
er kämpft nur
gegen etwas Neues
führt Krieg
gegen etwas Neues
das muss betont werden
weil es rechtfertigt
was an Heilsamkeit über uns kommt.

28.03.
Bienwald, Naturschutzgebiet Lauterniederung
14–16 Uhr

erster Versuch:
der lichte Forstweg gesäumt von Waldanemonen
oder Buschwindröschen
unter einer wilden Schlehe
hat sich ein blauschwarzes Käferpaar
am Hinterteil zusammengetan
um
Liebe zu machen
kann das bis zu 30 Stunden dauern
wer zieht wer schiebt
da im Gebüsch
hantiert ein Zaunkönig und singt
herzerweichend dazu
(der Unterschnabel muss ordentlich vibrieren)
doch es war eine List
der Weg endet blind als
große Flusswiese auf der
Heu gemacht wird.

zweiter Versuch:
grünlückenhaftes Flair im Schatten
der beispielhaften Kiefer wedelt ein fleischiges
Blatt
vorbei an urständigen Bachauen
wo es Wildkatzen geben soll
echte wilde schlanke
Katzen
in einer Tümpellandschaft
aus deren charakteristischen Merkmalen

weil dort Wasser steht
der Junghund nicht trinken darf
stattdessen in Umkehrung
seinen erwachenden
Jagdinstinkt zu spüren bekommt
am Fluss der die Grenze ist (zu einem anderen Land)
einer Brücke entbehrend
jedenfalls
ein Reh im Schweinsgalopp
Fixationszwang und Hauptsache hinterher
der tapsige Schäfer
fast möchte man mit.

dritter Versuch:
der nächste Frühblüher
im Erlenbruchwald Narzissenklone als
Zeichen für Alter
so funktioniert das hier
und wirkt auch schon alles viel günstiger
denn Kreuzungen gibt es
diesmal reichlich die Sackgasse
hat ausgedient
wie ein Spinnenmännchen nach der Befruchtung
gar könnte hier
ein feiner Rundweg entstehen

wenn wir links laufen:

ist doch logisch nur noch links
gedacht am linken Wegrand
linke
Kehrtwende von nun an alles in die (linke) Hand nehmen
diesen Birkenzweig vielleicht
jetzt mal ehrlich
das meiste wächst von […]
nach LINKS in die rascheltrockene Düne
hechtet der Dachspapa mit den Streifen auf links
wir
auf dem linken Bein hüpfen reflexartig ins Unterholz
zu unserer Linken gilt der letzte Blick
der linkshemisphärisch hängen bleibt
einer krautigen Schönheit
(Primelgepfriemel)
einfach so.

01.04.
Wien, Donauinsel, auf Höhe Ölhafen Lobau
13 Uhr

den Eichensetzling stürzt man
auf die flache Hand
Pfahlwurzel Fingerspitzengefühl
zukommen lassen
nach Probebohrung im Himmel
schweigende Minütchen.
Pionierpflanzen loben
sie werden zielgerichtet

vernichte dieses Grundstück

Ausgehobenes zuschütten
Dünger =
Biomasse mit Memory-Effekt
gut angießen. Baby-
Regenwurm um den Baumfuß drapieren
bisschen Kohle machen
erster Schwarzregen liegt
im Blütenstaub
den Finger abdrücken.

07.04.
Pwll Deri, Pembrokeshire Coast National Park
18–19 Uhr

horizontale Auslöschung über dem
zur Ruhe kommenden Kanal des heiligen
Georgs meine Blicke bluten dort als
raue Stiche in den Wolken sind die Tore
vager Trauer mehr noch als sie sollten
Öffnungen für vorlautes Licht markierend
im schleimigen Dunkelgrund die Gräber ein
Gesicht wie alle Gesichter aber vermisst
reißt es die letzten Linien zwischen
Himmel und Erde mit sich und dort wo
es einmal gewesen war untrennbare Weite
                       ragender Fels
               die Weißgischt
          am weißen Turm
    der Kopf eines
Seehunds.

in der Hand das bläuende Gestein aus
den namenhaften Hügeln in Richtung
der Fläche drückend die als Meer ausläuft
saß ich einmal in der Heide es dunkelte
doch etwas erwuchs und blühte dichter
Kummer hinter jeder Wiese liefen wir also
los über Steine und Stöcke in den Wald
des dampfenden Bärlauchs vorbei an einem
Teich aus Eichen in dem ich mich spiegelte
dorthin wo etwas Rauschendes niederstürzt
wallender Zauber und blind gewann ich

das Rote im Schatten
    Wasser zu Wasser
        das Wesen unseres
            Übergangs ein fremdes
                unvorteilhaftes Geräusch.

11.04.
Beddgelert, Snowdonia National Park
20 Uhr

treffen sich
2 Flüsse unter einer Steinbrücke
    der Wolfshund und der Wolf
       Kupfer und Eisen
das Paar und der Clown
der einen Eimer Farbe im Auto
hat mit der er die Straßen bemalt
den Bienen zuliebe noch ist niemand
ausgestorben darauf dunkles Ale
und einen kleinen Zaubertrick
später entstehen seltsame Karten

treffen sich
der Henker und der Engel
    Vater und Sohn
        die Lerche und der fallende Stein
Augen und Mund
deren Wendung hier göttlich und
lächerlich zugleich ankommen darf
ganz im Gegensatz zu jenem Gefühl
das man sich aus Gram erzählt er
ein Restleben lang verboten hat
täuschend schön wie die Frau aus dem See.

13.04.
Bei Pen-y-Pass, Snowdonia National Park
9–18 Uhr

das Grab
und hier empfiehlt es sich
walisisch mindestens zu simulieren
war vorgestern dran
und übervoll mit Menschen
zu allem Übel hatte der Kiosk
geschlossen

morgen also hinters Haus gelaufen
und erstmal höher
diesen Pfad schlugen Einheimische
vor

ein obligatorisches Schaf
kreuzt unser
Geheimnis niemand läuft so
wie wir
jede_r verwirklicht Bedürfnisse
zum Beispiel grasen aufs Pfeifen hin
rennt ein Haufenwolle
zu den Seinen
wedelt freudig mit dem kupierten Schwanz

übrigens ist es
erlaubt
weg und ziellos zu sein
verehrte Empörte

der Untergrund ist
saftig ein Hellbraun aus Torf
und struppigen Gräsern
grün zu sein muss man sich trauen
um nach Schönheit zu streben
zu schön
zu wild

in regelmäßigen Abständen
ein Quarzkonglomerat wären
die Einschlüsse eckig spräche
man von einer Brekzie

beim Urinieren
auf einen seltenen Busch
sollte auf die hiesigen Böen
die allgegenwärtigen
geachtet werden
so gut es geht manchmal
halt nach hinten
los
das macht nix macht
sogar Spaß

inzwischen
der Zwillingsgipfel
Glyder Fawr und Fach
[glieder faul und fuck?]

hat sich der Wind
ein Castle gebaut
monströse Plattenzerwürfnisse Schiefer
von Adern aus Silikaten durchzogen
in einer Senke oder
ist es ein Eingang
wird das Bröt und ein Riegel verzehrt
dann will der Kamm
beschritten werden ach
vergaß
ganz zu erwähnen oben
kamen wir unlängst an
geredet
wird nicht

vor dem Sprung ein
Zögern das Abschätzung ist
und sich als
Beinarbeit somatisiert
trippelnde Freude

frei und gefährdet zu sein

[…]

wo Nebel aufzieht
reift die Erkenntnis
was sich als vorbeschritten andeutet
sollte

gewählt werden sonst kommen wir
noch in Teufels Küche
wollen aber doch
eigentlich über den Borstigen Grat
zu einem stehenden Abflussgewässer
was auf Schottisch Loch
hierzulande aber Llyn
[chlimm?]
heißt

gerade noch geschafft
zur Teezeit
in eine Taverne für Absteiger
nach einem Beinahekollaps
beim Anblick einer Familie mit Hind und Kund
im SUV
sitzt man
auf der abendsonnigen Fensterbank
malziges Schwarz
in der Tasse
was dieser Tag gebracht hat
in der Tasche
5 Steine
in Wahrheit eine
ganz und gar unpathetische Ruhe.

19.04.
Slevogtfels, Naturpark Pfälzerwald
18 Uhr

beste
Aussicht bietet der Felsen
der nach einem Maler benannt ist
(der hier malte)
auf Variationen eines Hellgrüns
in dem auch Gelb
vorkommt.
einzelne Quellwolken
reifen am Himmel vor einem Dreigestirn
ihr Ton geht ins Violette
das schlägt sich langsam
nieder.
eine bevorstehende
kühle Nacht entwischt mancherorts
dem Aroma der Umgebungsluft
meist dominiert jedoch die Buchenblüte
die gefleckte Lungwurz oder
eine Prise Buntsandstein
(vieles bleibt undurchsichtig).
künftig
wird der Wald zusammenwachsen
und der Kuckuck
den man nicht umsonst
um die Zahl der Lebensjahre fragt
sein Ei in fremde Nester
legen.

02.05.
Castello di Duino, bei Trieste
11–13 Uhr

unter donnernder Bläue
Gellen des obersten Reihers
der sich in die Adria stürzt
hier wird es begrüßt
von Engeln zu reden
wird ein Licht das alle
Helligkeiten trägt
als altes Flüstern
fortgetragen
die Adern voll Dasein

inzwischen
auf Kalk und Nieren geprüft
unterwegs an einer Küste
aus Deckweiß erreicht ihn
ein ablandiger Wind
Pinien dehnend
ist es die Tochter
fällt sie hell aus dem Karst
in die sich öffnende Stadt wo
mitgefiebert wird

katabatische Liebe
aus nordöstlicher Richtung
repolarisiert den wunden
Geist atme
peitsche das
versteckte Kristallmeer heule
mit brennender Lunge durch

die seilbefestigten Gassen
streife mich
und werde leicht

majestätische
Prinzessin singt im
elektrifizierten Golf
die Melodie
der Weitgereisten
kurz vor dem Auslaufen
du schönster Vogel der Seele
nur umschließe uns
mit gelbenden Mauern
in dein flüchtiges Herz

aber bitte
nicht so stürmisch.

09.05.
Im Zug, bei Eisenach
10 Uhr

auf die Wolken
im Waffelmuster
welche an
Eisfäden hängen
bietet ein Fenster aus
schnellziehenden
Haufen soliden Ausblick.

kleiner Vogelschwarm
sticht von schräg unten
in angeschwärzte
Bereiche
eine Etage weiter
zieht er
unnachahmlich durchs Bild.

20.05.
Homburg, Friedhof des Universitätsklinikums des Saarlandes
14 Uhr

durch ein Loch in der Kronendecke
    spüre ich fernes Wunderwerk ziehen
        imaginiert die Aussicht von oben
            welche niemals genügt wächst hingegen
    silberfeiner Saum um jedes
  sorgsam durchblutete Blatt
sehe von unten in atmende Räume
    Fächer Anatomie betreiben
        und den Stamm als endlose Lanze
            Äste sind Standkraft ins Licht gehoben
        glaube ich wie meine Buche sich räkelt
  da eine Kaltfront naht.

13.06.
Karlsruhe, Innenstadt
15 Uhr

geradeaus
links dann links
azurblaue Stunde
als Staubfilter
den wütenden Reif
am Wrist
des Tagkörpers
massigster Schein
und spitze Gesamtheit
dann
im Wiedersehen begriffen
Geweihe
Küsschen da
man transpiriert du
auch
warum nicht Briefmarken
auflegen
zu deinem
fruchtklebrigen Teint
das ausgerenkte Bedürfnis
Schönwetterfront
unrasiert.

20.06.
Spiekeroog, Nationalpark Niedersächsisches Wattenmeer
21–22:30 Uhr

längster Tag
im Spülsaum organischer
Debris und nicht abbaubarer
Einsiedlerkrebs in der Flasche
Quallenstrand bei
wesentlicher
Flut
eine der großen
entsetzlichen Fragen
liegt im potentiellen Bernstein
eingeschlossen fände ich ihn
goldbraunes Zeichen
zu mir
zurück ein salziger
Wind die lästernden Stimmen
nehmen verbale Gewalt
nimmt ab
das Meer Bedeutung des
    hastigen Stillstands der Zwang
        Kronen aus Schaum das zerbissene
    Sandkorn Sturmmöwes Schrei
die Tränen werden
an anderer
Stelle geweinte
Abendlumineszenz am
Horizont ein grüner Blitz
selten gesehen aber
hell
bin ich der

der fast erblindet Stein
an den die Welle
schlägt.

27.06.
València, Plaça de la Mare de Déu
16 Uhr

an einem Ozontag
als Schattenwandler mit
gefühllosem Gesicht
einer Überspannung die
der trockene Wind
dort hinterlassen hat
und halbgeöffneten Augen
ihre Äpfel schwer glasig
fühlbar rund dazu
das gesättigte Gefühl
des Nachmittags es
gab Suppe und Fleisch
sitzt man
unter sengender Heiterkeit
auf einer Bank bei
den blinzelnden Naranjas
eingelullt von einem
lauwarmen Luftstrom der
mit dem ausgeprägten
Mittelmeerklima einhergeht
und folgt verwirrt
dem Reigen der Touristen.

30.06.
Hornisgrinde, Nationalpark Schwarzwald
14–15 Uhr

die Tannen wie auf einer
lichter werdenden Kopfhaut
eingesät mit der kahlsten
Stelle okzipital typisch
für die *Alopecia areata*
dieser Eindruck drängt sich
auf den baumfreien Feuchtheiden
nur nicht aus den Latschen
kippen die wachsen hier auch
Bergkiefer
    Rasenbinse
        pfeifendes Gras
wenn als Gipfel ein Moor
entsteht ist das natürlich
menschengemacht der Rest
es duftet nach Stillgewässern
torfiger Würze das ist
das erste Stadium der
Inkohlung abgesteckt
von krüppelwüchsigen
Hölzern in einem weiten Feld
werden Schwaden gehisst
treiben sich nach Süden
hin ein eizeitliches
Kar die Wasser sie spielen
in grünendem Feuer senkt
ein verwahrlostes GEWETTER
den atmosphärischen Druck
regnet es bald aus stutzigem

Himmel fressen sich bunte
Blitzröhren durch Stein und
in den fischlosen See.

Inhalt

5	02.07.	Freiburg/Breisgau, Stadtwald
6	08.07.	Weltnaturerbe Aletschgebiet, Berner Alpen
8	23.07.	Parc national des Calanques, bei Cassis
10	25.07.–30.07.	Süddeutschland
12	01.08.	Donauquelle, Donaueschingen
13	04.08.	Naturpark Südschwarzwald, Dreisamtal bei Stegen
15	08.08.	Naturschutzgebiet Südlicher Bliesgau/Auf der Lohe
16	11.08.	Straßenrand, bei Saint-Avold
18	14.08.	Metz, au bord de la Seille
21	19.08.	Donauufer, Bratislava
22	28.08.	La Drôme, bei Peyrins
24	03.09.	Valgaudemar, Parc national des Écrins
27	05.09.	Valgaudemar, Col des Vachers
29	15.09.	Im Zelt, Biosphärenreservat Pfälzerwald-Nordvogesen
30	23.09.	Landau/Pfalz
34	02.10.	Im Zug, bei Calais
35	09.10.	Kaiserslautern, Innenstadt
37	14.10.	Naturschutzgebiet Kleine Kalmit, bei Ilbesheim
40	23.10.	Colmar, Altstadt
41	31.10.	Naturpark Südschwarzwald, Ravennaschlucht

45	14.11.	Forêt de Fontainebleau, Massif des Trois Pignons
46	21.11.	Basel, Kleinbasel, Rheinufer
48	27.11.	Via dei Laghi, bei Rocca di Papa, Lago Albano
50	01.12.	Parc naturel régional du Vercors, bei Grenoble
51	07.12.	Zugspitzmassiv, Ostalpen
53	13.12.	Nationalpark Sächsische Schweiz, Carolafelsen
54	22.12.	Weltkulturerbe Grotte de Lascaux, bei Montignac
58	27.12.	Neuwied-Engers, Rheinufer
59	05.01.	Dortmund, Rombergpark
61	12.01.	München, Englischer Garten
63	23.01.	Nationalpark Harz
65	10.02.	Heidelberg
66	12.02.	Im Traum (?)
68	23.02.	Carlsberg/Pfalz
69	27.02.	Köln, Innenstadt
71	09.03.	Berlin, Spreeufer
73	11.03.	Leipzig, Palmengarten
76	15.03.	Mainz, Ritterstraße
77	17.03.	Europa
79	28.03.	Bienwald, Naturschutzgebiet Lauterniederung
82	01.04.	Wien, Donauinsel, auf Höhe Ölhafen Lobau

83	07.04.	Pwll Deri, Pembrokeshire Coast National Park
85	11.04.	Beddgelert, Snowdonia National Park
86	13.04.	Bei Pen-y-Pass, Snowdonia National Park
90	19.04.	Slevogtfels, Naturpark Pfälzerwald
91	02.05.	Castello di Duino, bei Trieste
93	09.05.	Im Zug, bei Eisenach
94	20.05.	Homburg, Friedhof des Universitätsklinikums des Saarlandes
95	13.06.	Karlsruhe, Innenstadt
96	20.06.	Spiekeroog, Nationalpark Niedersächsisches Wattenmeer
98	27.06.	València, Plaça de la Mare de Déu
99	30.06.	Hornisgrinde, Nationalpark Schwarzwald

Jakob Leiner, 1992 geboren, lebt und arbeitet als schreibender Arzt in Freiburg i. Br. Er war Jungstudent an der Hochschule für Musik Karlsruhe sowie langjähriges Mitglied im Landesjugendorchester Rheinland-Pfalz und im Bundesjugendorchester (Horn und Klavier), bevor er Humanmedizin mit universitären Stationen in Saarbrücken, València, Basel und Freiburg studierte. Seit 2016 zahlreiche Veröffentlichungen in Zeitschriften, Anthologien sowie in Buchform. Zuletzt erschien 2021 der Lyrikband *klein.odien.woche*. Jakob Leiner ist in der Anthologie *Jahrbuch der Lyrik 2022* vertreten und stand auf der Longlist 2021 des Gustav-A.-Bähr-Förderpreises für Junge Literatur. www.jakobleiner.com

1. Auflage 2022
© Quintus-Verlag
Binzstraße 19, 13189 Berlin
www.quintus-verlag.de

Umschlaggestaltung: Oda Ruthe, Braunschweig
Satz und Gestaltung: Ralph Gabriel, Berlin
Druck und Bindung: Finidr, s.r.o., Český Těšín
ISBN 978-3-96982-057-5